Anna und Jonathan

Geschichten zum Vorlesen

erzählt von Rolf Krenzer
mit Bildern von Ines Rarisch

Lahn-Verlag, Limburg – Kevelaer

Die Deutsche Bibliothek – CIP-Einheitsaufnahme

Ein Titeldatensatz für diese Publikation
ist bei Der Deutschen Bibliothek erhältlich.

© 2001 Lahn-Verlag
Lektorat: Verlagsservice Anne Voorhoeve, Selters
Litho: SLC, Essen
Satz: Schröder Media, Dernbach
Druck und Bindung: Eurografica, Italien
Printed in Italy
Abdruck, auch auszugsweise, nur mit Genehmigung des Verlags.

ISBN 3-7840-3205-2

Am schönsten ist schulfrei

Wenn Jonathan morgens sein Frühstück in die Schultasche steckt, sagt Anna: »Ich möchte auch zur Schule gehen!«

»Du gehst doch in den Kindergarten!«, sagt Mutti. »Nächstes Jahr kommst du auch in die Schule.«

»Ich möchte aber jetzt zur Schule gehen!«, sagt Anna.

Doch Mutti schüttelt den Kopf. Dann nimmt sie Anna an der Hand und bringt sie zum Kindergarten. Und Jonathan läuft allein mit seiner Schultasche zur Schule.

Jeden Tag bettelt Anna: »Jonathan, nimm mich doch einmal mit in die Schule! Nur einmal!«

Jonathan schüttelt den Kopf. »Frau Lachmann erlaubt es bestimmt nicht!«

Frau Lachmann ist Jonathans Lehrerin.

»Sie erlaubt es bestimmt!«, meint Anna. »Weil sie so lustig heißt, wird sie auch ja sagen.«

»Sie heißt nur so«, sagt Jonathan. »So lustig ist sie gar nicht. Nur manchmal.«

»Nur einmal!«, bettelt Anna.

»Hm!«, brummt Jonathan und hat gar keine Lust, Frau Lachmann zu fragen. Sicher wird Frau Lachmann nein sagen. Schließlich gehören kleine Kinder noch nicht in die Schule.

Mutti nimmt Anna an die Hand und bringt sie zum Kindergarten. Jonathan nimmt seine Tasche und macht sich auf den Schulweg. Er dreht sich noch einmal um.

»Kinder, die zur Schule gehen, werden nicht von ihren Muttis gebracht!«, schreit er hinter ihnen her.

Nie im Leben wird Jonathan Frau Lachmann fragen.
Aber von seiner kleine Schwester erzählen, das kann er.
»Wie heißt sie denn?«, fragt Frau Lachmann.
»Anna«, antwortet Jonathan, »und jeden Morgen will sie
mit in die Schule!«
»Du kannst sie ja mal mitbringen«, sagt Frau Lachmann
freundlich, »vielleicht am Donnerstag?«
Jonathan nickt. Er kann nichts sagen. So sehr freut er
sich. Und wie wird erst Anna sich freuen!
»Donnerstag gehe ich zur Schule!«, jubelt Anna und
tanzt durch das Zimmer. Aber nun braucht sie eine
Schultasche. Und Stifte und Hefte und ein Lesebuch
und ein Rechenbuch. Auch ein Frühstück für die Pause!
»Du kannst doch die Kindergartentasche mitnehmen«,
schlägt Vati vor.

Da muss Anna fast weinen. Sie will doch zur Schule, nicht zum Kindergarten!

»Ich hab doch nur Spaß gemacht!«, sagt Vati schnell und drückt sie. Dann schenkt er ihr ein Mäppchen und ein Heft und viele neue Malstifte. Am Mittwoch bringt er Anna sogar eine kleine Schultasche mit. Nicht so groß wie die von Jonathan, aber doch eine Schultasche. Sie ist gerade so groß, dass Annas neue Sachen alle hineinpassen. Und so leicht ist sie, dass Anna sie ganz allein tragen kann.

Am Mittwoch kann Anna abends nicht einschlafen. Immer muss sie an die Schule denken. Vati und Mutti müssen ihr drei Gutenachtgeschichten vorlesen, bis Anna endlich eingeschlafen ist.

Am Morgen ist Anna schon ganz früh wach. Sie weckt Vati und Mutti. »Heute gehe ich zur Schule!«, ruft sie glücklich.

Anna kann nur ganz wenig frühstücken. So aufgeregt ist sie. Dann holt sie ihre Schultasche. Jonathan nimmt Anna an die Hand und geht mit ihr zur Schule.

An der Fußgängerampel wartet Fabian. Fabian ist Jonathans bester Freund. Sie gehen immer zusammen zur Schule. »Musst du deine kleine Schwester zuerst in den Kindergarten bringen?«, fragt Fabian erstaunt.

»Ich gehe heute auch in die Schule!«, sagt Anna und gibt Fabian die Hand. So gehen sie alle drei Hand in Hand über die Kreuzung. Jonathan ist froh, dass sein Freund dabei ist. Da ist es gar nicht so schlimm, mit einer kleinen Schwester an der Hand in die Schule zu kommen. Fabian hat sie ja an der anderen Hand.

»Das ist Anna!«, erklärt Fabian im Schulhof den anderen.

»Sie ist meine kleine Schwester!«, fügt Jonathan hinzu.

Und Anna sagt froh: »Ich darf heute einmal in die Schule gehen!« Da fragen die anderen nicht weiter.

»Schön dass du da bist, Paula!«, sagt Frau Lachmann und gibt Anna freundlich die Hand.

Anna muss so lachen, dass sie sich fast verschluckt.

»Sie heißt Anna!«, ruft Fabian.

»Sie heißt doch Anna!«, schreien die Mädchen und Jungen in der Klasse und lachen laut.

»Richtig, Anna!«, sagt Frau Lachmann und fasst sich an den Kopf. »Das hatte ich fast vergessen!«

Sie deutet auf einen Stuhl in der zweiten Reihe. »Setz dich zu Vanessa!«

Vanessa lacht Anna zu. »Sie macht immer Spaß!«, sagt sie leise.

»Sie heißt ja auch Frau Lachmann!«, meint Anna.

Da muss Vanessa so laut lachen, dass Frau Lachmann sie ganz erstaunt ansieht. »Was ist los?«, fragt sie.

»Sie muss nur lachen«, sagt Anna.

»Wir haben uns heute noch gar nicht begrüßt!«, sagt Frau Lachmann.

Da stehen alle Schülerinnen und Schüler auf, geben sich die Hände und rufen ganz laut: »Guten Morgen, Frau Lachmann!«

»Guten Morgen!«, sagt Frau Lachmann. »Guten Morgen, Anna!«

Anna ist jetzt eine richtige Schülerin. Sie steht zwischen Vanessa auf der einen Seite und Lara auf der anderen. Vanessa hat ganz helle, glatte Haare. So helle Haare wie die von Lars im Kindergarten. Lara hat schwarze Krusselhaare. Die passen gut zu ihrem schwarzen Gesicht und den schwarzen Armen und Händen. Es ist schön,

zwischen Vanessa und Lara zu stehen und ihnen die Hände zu geben. Dann singen sie alle ein Morgenlied. Frau Lachmann steht vor der Tafel und dirigiert den Schülerchor.

»Setzt euch!«, sagt Frau Lachmann dann. »Zeigt mir jetzt eure Hausaufgaben!« Da packen die Kinder ihre Hefte aus und legen sie aufgeschlagen auf die Schülertische. Gut, dass Anna gestern extra noch ein Bild für Frau Lachmann gemalt hat. Frau Lachmann geht von einem Tisch zum anderen. Wer alles gut gemacht hat, bekommt mit einem Stempel einen kleinen Stern unter seine Aufgaben gedrückt. Aber als sie zu Sven kommt, schimpft sie. Sven hat seine Aufgaben schon wieder vergessen. Er steht auf und hat einen ganz roten Kopf. Anna kann nicht hinübersehen. Sven tut ihr so Leid.

Dann steht die Lehrerin neben Anna. »Das ist aber ein schönes Bild!«, meint sie.

»Ich habe es für dich gemalt«, sagt Anna leise.

»Für Sie!«, verbessert Vanessa sie.

»Ja, für Sie!«, sagt Anna rasch.

»Danke!«, lacht Frau Lachmann und gibt Anna die Hand. Dann nimmt sie das Bild und steckt es in ihre Tasche, und Anna blickt ganz stolz zu Jonathan hinüber. Jonathan nickt ihr zu und grinst.

Jetzt sollen alle ihr Lesebuch herausholen. Jeder darf ein paar Sätze vorlesen. Vanessa schiebt ihr Lesebuch zu Anna hin, damit sie beide hineinsehen können. Schade, dass Anna noch nicht lesen kann. Aber sie hört gut zu und sieht sich das Bild auf der einen Seite genau an. »Nächstes Jahr lerne ich auch lesen!«, flüstert sie Vanessa zu.

Dann rechnet Frau Lachmann mit ihrer Klasse. Sie schreibt auch ein paar Rechenaufgaben an die Tafel. Die Kinder schreiben sie ab und rechnen sie in ihrem Heft aus. Für Anna hat Frau Lachmann extra ein Blatt zum Ausmalen mitgebracht. Anna ist so froh, dass sie ihre neuen Malstifte nun auch wirklich gebrauchen kann.

Als es zur Pause klingelt, stürmen alle hinaus. Jonathan und Fabian suchen nach Anna. Jonathan sollte doch gut auf sie aufpassen. Das hat er Mutti versprochen. Aber die Mädchen haben Anna gleich mitgenommen. Drüben stehen sie alle zusammen und lachen und schwätzen. Anna steht mitten unter ihnen. Jonathan ist richtig froh, als er sie dort drüben im Pausenhof sieht. So braucht er sich keine Sorgen zu machen, dass sie unter denen ist, die sich auf der anderen Seite des Schulhofs prügeln.

Zwei Jungen liegen auf der Erde und schlagen aufeinander los. Viele Kinder stehen schreiend um sie herum und wollen, dass sie noch weiterkämpfen. Aber dann

kommt ein Lehrer dazu. Da laufen alle schnell auseinander. Auch die beiden Streithähne stehen schnell auf und tun so, als wäre nichts gewesen.

Nach der Pause dürfen alle malen. Frau Lachmann teilt die Farbkästen mit den Wasserfarben aus. Lara darf jedem etwas Wasser in das kleine Glas schütten. Schade, dass Vati keine Wasserfarben für Anna mitgebracht hat.

»Du kannst bei mir mitmalen!«, sagt Lara von der einen Seite. »Wir teilen uns meinen Pinsel!«, sagt Vanessa von der anderen.

»Ich leihe dir meinen Pinsel!«, sagt Frau Lachmann.

Anna ist viel schneller fertig als die anderen. Im Kindergarten kann man dann aufstehen und nachschauen, was die anderen gemalt haben. Ob man das auch in der Schule darf? Jonathan hat einmal gesagt, dass man in der Schule immer an seinem Platz bleiben muss.

»Du bist schon fertig?«, fragt Frau Lachmann und betrachtet Annas Bild. »Es ist schön geworden! Gefällt es dir in der Schule?« Anna nickt.

»Nur ein bisschen lang?«, fragt Frau Lachmann weiter. Anna nickt wieder. »Ja!«, sagt sie leise.

»Jetzt ist auch das Schönste vorbei«, flüstert Frau Lachmann Anna ins Ohr. »Jetzt wird es auch den Großen schon lang!«

Wieder nickt Anna.

»Weißt du, was in der Schule am schönsten ist?«, fragt Frau Lachmann sie dann.

Anna sieht sie fragend an. Da beugt sich Frau Lachmann noch einmal zu ihr hinunter und sagt ihr leise ins Ohr: »Am schönsten ist schulfrei!«

Und weil Anna lachen muss, fragt sie gleich weiter: »Soll ich dir jetzt noch ein bisschen schulfrei schenken?«

Anna quietscht vor Vergnügen. »Aber Jonathan muss mich nach Hause bringen!«, sagt sie.

Frau Lachmann geht durch die Klasse und bleibt bei Jonathan stehen. »Deine Schwester hat jetzt schulfrei!«, sagt sie. »Bringst du sie nach Hause?« Sie legt den Arm um Fabian. »Der Fabian geht auch noch mit, damit ihr nichts passiert.«

Sie blinzelt den anderen Kindern zu. Die verstehen das. Da ärgert sich keiner, dass Jonathan und Fabian schon früher nach Hause gehen dürfen.

Als die drei dann über den Schulhof gehen, dreht sich Anna noch einmal um. Am Fenster steht Frau Lachmann und sieht ihnen nach. »Nächstes Jahr bin ich wieder hier!«, ruft Anna so laut sie kann.

Da winkt ihr Frau Lachmann zu. Und dann sind noch viele Kinder bei Frau Lachmann am Fenster und winken. So viele, dass Anna sie nicht zählen kann.

Ja, nächstes Jahr, da wird sie auch hier in der Schule sein. Am liebsten bei Frau Lachmann.

Das Kuschelbett

Als Jonathan aus der Schule nach Hause kommt, will er nichts essen. Keine Nudelsuppe. Keine Fischstäbchen. Keinen Salat. Auch keinen Kartoffelbrei. Und als Mutti die köstlichen frischen Erdbeeren aus dem Garten auf den Tisch stellt, da freuen sich nur Anna und Vati. Jonathan schüttelt den Kopf. »Ich habe Kopfschmerzen!«, sagt er.

»Du hast auch Fieber«, sagt Mutti, als sie die Hand an Jonathans Stirn hält. »Du legst dich am besten ein bisschen hin. Wir messen zuerst einmal das Fieber!«

»Aber ich habe mich mit Ralf und Till verabredet«, wehrt sich Jonathan. »Wir wollen bei Dirk im Garten spielen. Ich will nicht ins Bett!«

Doch als er aufstehen will, ist ihm plötzlich ganz schwindelig und schlecht. Da nimmt Vati Jonathan auf seine Arme und trägt ihn in sein Zimmer. »Er ist ganz heiß!«, sagt Vati und legt ihn vorsichtig aufs Bett.

»Er wird doch nicht krank werden?«, fragt Anna ängstlich. Weil keiner antwortet, nimmt sie Jonathans Hand und drückt sie. »Nein, du wirst nicht krank!«, sagt sie. »Du darfst gar nicht krank werden!«

»Vielleicht nur ein bisschen!«, sagt Jonathan und versucht zu lächeln.

Vati ist nur zum Mittagessen nach Hause gekommen. Er muss wieder fort. »Heute Abend geht es dir wieder gut!«, sagt er und beugt sich zu Jonathan hinunter. Er gibt ihm einen Kuss und wäre am liebsten dageblieben. »Ruf bitte Doktor Janssens an!«, sagt er zu Mutti, als er geht. Mutti nickt nur. Sie steckt das Fieberthermometer

unter Jonathans Arm. Als sie dann später nachschaut, sagt sie: »Du hast wirklich Fieber!« Und geht zum Telefon.

»Bleib bei mir!«, sagt Jonathan leise zu Anna und hält sie fest. Da hopst Anna neben ihn auf das Bett. Und als Jonathan Durst bekommt, läuft sie gleich los und bringt ihm ein Glas Saft. Als Mutti zurückkommt, hat Jonathan etwas Saft getrunken. Er liegt oben auf dem Deckbett und ist plötzlich sehr müde. Anna sitzt neben ihm und hält das Glas in der Hand.

»Doktor Janssens kommt nachher!«, sagt Mutti. Jonathan antwortet nicht. Er ist eingeschlafen.

»Hilf mir!«, sagt Mutti zu Anna. »Wir legen ihn richtig ins Bett.«

Mutti stützt Jonathan und zieht ihm die Hosen aus. Anna streift ihm das Hemd über den Kopf. »Ich rufe Dirk an«, sagt Mutti. »Er kann morgen auch in der Schule Bescheid sagen, dass Jonathan krank ist.«

»Richtig krank?«, fragt Anna leise.

»Wir müssen abwarten, was Doktor Janssens sagt. Lass ihn jetzt schlafen«, sagt Mutti zu Anna. »Komm mit mir!«

Doch Anna schüttelt nur den Kopf. »Jemand muss doch auf Jonathan aufpassen.«

Als Jonathan aufwacht, sitzt Anna immer noch neben ihm. Sie hat sich ihre Bilderbücher aus ihrem Zimmer geholt. »Du hast lange geschlafen«, sagt sie.

»Wie lange denn?«, fragt Jonathan.

Anna hält einen Stapel Bilderbücher hoch und sagt: »So lange! Ich habe sie alle gelesen, als du schliefst!«

Mutti kommt mit einem Teller Zwieback und zwei Bechern Tee. »Ihr habt es ja richtig gemütlich hier«, sagt sie. Sie legt wieder die Hand auf Jonathans Stirn. »Geht es dir denn besser?«, fragt sie.

»Ein bisschen schon!«, sagte Jonathan leise.

»Das ist ein richtiges Kuschelbett!«, sagt Anna und kuschelt sich ganz nah an Jonathan. Am liebsten wäre sie gleich ganz in das Bett gekrabbelt.

»Du kannst ja schon wieder lachen!«, sagt Mutti zu Jonathan. Aber als dann Doktor Janssens kommt und Jonathan untersucht, da lachen sie nicht mehr. »Das sind die Windpocken!«, sagt Doktor Janssens und öffnet Jonathans Schlafanzug. »Hier kommen schon die ersten Knötchen, hier auf der Brust! Da haben wir schon den hellroten Ausschlag. Das werden kleine Blasen, die leicht aufplatzen.«

»Ist das sehr schlimm?«, fragt Jonathan ängstlich.

»So schlimm nicht!«, beruhigt ihn Doktor Janssens. »Es wird nur sehr jucken. Und du musst schon eine Zeit im Bett bleiben!«

»O weh!«, sagt Mutti erschrocken. »Dann hat sich Anna bestimmt auch schon angesteckt. Sie war die ganze Zeit hier bei ihm.«

»Viele Kinder haben jetzt die Windpocken«, sagt Doktor Janssens. »Windpocken sind ansteckend. Sie werden mit dem Wind übertragen. Da kann man zehn Meter entfernt sein und kriegt sie doch! Aber das Fieber ist schon gefallen«, sagt er, als er geht. »Anna kann ruhig bei ihm bleiben. Sie hat sich sicher schon längst angesteckt. Vielleicht schon vor zwei oder drei Wochen. So lange dauert es, bis die Krankheit ausbricht.«

»Komm, ich baue dir wieder ein Kuschelbett!«, sagt Anna. Sie baut die Kissen so um Jonathan herum, dass es richtig gemütlich ist. Sie holt ihm alle seine Stofftiere und legt sie zu ihm ins Bett. Dann holt sie auch noch ihre Stofftiere und legt sie dazu.

»So ein Kuschelbett wünsche ich mir auch!«, sagt Vati, als er nach Hause kommt.

»Dann musst du erst einmal die Windpocken bekommen!«, meint Anna. Doch Vati hat die Windpocken schon gehabt, als er so alt war wie Anna. Und man bekommt sie nur einmal im Leben.

»Schade!«, meint Anna. »Da kannst du auch kein Kuschelbett haben!«

Zum Abendessen kann Jonathan nicht aufstehen. Da stellen sie einen kleinen Tisch neben sein Bett und essen alle vier zusammen in seinem Zimmer. Eine halbe Scheibe Brot schafft auch Jonathan.

Anna sitzt neben Jonathan auf dem Bett. »Jetzt hat er auch Pünktchen im Gesicht!«, ruft sie plötzlich. Da ist Mutti froh, dass sie die Medizin schon besorgt hat, die Doktor Janssens aufgeschrieben hat.

»Gleich verzaubern wir dich!«, sagt sie zu Jonathan. Der blickt sich ganz ängstlich um. Da lacht Mutti und zeigt ihm ein Fläschchen. »Pass nur auf, das tut gut und macht auch noch Spaß!«

Sie nimmt ein Wattestäbchen und taucht es in das Fläschchen. Dann tupft sie damit auf alle Pünktchen, die sie bei Jonathan entdecken kann. »Jetzt bist du ein Fliegenpilz!«, sagt sie.

»Toll!«, sagt Vati. »Ein richtiger Fliegenpilz!«

»Ich möchte auch ein Fliegenpilz sein!«, bettelt Anna. Doch Mutti schraubt das Fläschchen wieder zu und schüttelt den Kopf.

»Ich habe auch die Windpocken!«, ruft Anna.

Vati schaut sich ihren Rücken und die Brust genau an. »Nein«, sagt er dann, »du hast keine Windpocken. Kein einziges Pünktchen!«

»Anna soll bei mir bleiben!«, bettelt Jonathan, als sie das Geschirr wieder in die Küche tragen.

»Ja, ich will heute Nacht bei Jonathan im Kuschelbett schlafen!«, ruft Anna.

»Du schläfst in deinem eigenen Kuschelbett!«, antwortet Mutti.

»Sie soll aber bei mir schlafen!«, jammert Jonathan.

»Na gut!«, sage Mutti endlich und flüstert Vati etwas ins Ohr. »Anna, du ziehst dich aus, gehst ins Bad und wäschst dich. Dann ziehst du dein Nachthemd an!«

»Und dann?«, fragt Anna.

»Dann sehen wir weiter!«

Sie warten, bis Anna im Badezimmer ist. Dann schleppen Vati und Mutti Annas Bett in Jonathans Zimmer und stellen es neben sein Bett. Als Anna aus dem Bad kommt, läuft sie in ihr Zimmer und will ihr Kuschelkissen holen. Ohne ihr Kuschelkissen kann Anna nämlich nicht schlafen. Doch da ist kein Kuschelkissen mehr. Und das Bett ist auch fort. »Mutti!«, schreit Anna.

Als sie aber in Jonathans Zimmer stürmt, sieht sie auch ihr Bett. Da kann sie gar nichts mehr sagen. Sie steht nur neben dem Bett und freut sich.

Jonathan reicht ihr alle ihre Kuscheltiere hinüber. »Die brauchst du in deinem Bett«, sagt er. »Sonst ist es doch kein Kuschelbett!«

Da klettert Anna in ihr eigenes Kuschelbett. Vati setzt sich auf Jonathans Bett und Mutti setzt sich zu Anna. Mutti liest eine Gutenachtgeschichte für Anna und Jonathan vor. Dann setzt sich Mutti auf Jonathans Bett und Vati setzte sich zu Anna. Nun liest Vati noch eine Gutenachtgeschichte vor. Es ist richtig kuschelig schön. Als die Eltern dann jedem noch einen Kuss gegeben haben und hinausgehen, darf sogar das Licht noch ein wenig brennen. Später schaut Vati noch einmal zur Tür herein. Anna und Jonathan schlafen fest.

Ganz früh am Morgen, als Vati und Mutti gerade aufstehen wollen, steht plötzlich Jonathan vor ihrem Bett. »Ihr müsst ganz schnell kommen!«, ruft er. »Jetzt hat Anna auch rote Pünktchen im Gesicht!«

Anna liegt in ihrem Kuschelbett und fragt leise: » Verzaubert ihr mich jetzt auch in einen Fliegenpilz?«

»Du willst ja wieder gesund werden!«, sagt Mutti und holt das Fläschchen und die Wattestäbchen.

»Schnell ins Bett!«, ruft sie Jonathan zu. »Du bist ganz verschwitzt! Nachher werde ich euch waschen. Dann braucht ihr beide frische Schlafanzüge. Und das Bett werde ich auch neu beziehen!«

»Das Kuschelbett?«, fragt Anna leise. Doch als Mutti sich über sie beugt, ist sie schon wieder eingeschlafen.

»Lass sie bald wieder gesund werden!«, sagt Mutti so leise, dass keines der Kinder sie hören kann.

»Es juckt so!«, ruft Jonathan.

»Pst!«, flüstert Mutti. »Weck Anna nicht auf!«

»Sind wir jetzt beide krank?«, fragt er.

Mutti nickt. »Heute wirst du im Bett gewaschen!«, sagt sie und steht auf, um das Waschzeug zu holen. »So etwas hast du noch nie erlebt.«

»Dann wird aus dem Kuschelbett ein Waschbett«, sagt Jonathan und versucht ein bisschen zu lächeln. Aber das ist heute gar nicht so leicht.

Die Weihnachtsfrau

Anna und Jonathan warten schon den ganzen Tag ungeduldig auf den Weihnachtsabend.

»Spielt doch noch ein wenig!«, sagt Mutti und schiebt
die beiden ins Kinderzimmer. Dann schließt sie die Tür.

»Wann kommt denn nun endlich der Weihnachtsmann?«, ruft Anna ihr nach.

Mutti schaut noch einmal ins Kinderzimmer und sagt:
»Bald, wenn es dunkel wird.«

Zuerst haben Jonathan und Anna Memory gespielt, danach Bilderlotto und eine Runde Schnipp-Schnapp. Aber
nun haben sie keine Lust mehr. Fernsehen können sie
auch nicht, weil der Fernseher im Wohnzimmer steht.
Und das Wohnzimmer ist seit heute Mittag zum Weih-
nachtszimmer geworden. Anna und Jonathan stehen

herum und wissen nicht, was sie machen sollen. Plötzlich sagt Anna: »Wir können ja dem Weihnachtsmann ein Stück entgegengehen!«

Jonathan sieht sie überrascht an. »Ja, meinst du, dass wir den Weihnachtsmann treffen?«

»Klar! Er ist doch zu uns unterwegs.«

»Aber weißt du denn, wie der Weihnachtsmann aussieht?«, fragt Jonathan weiter.

Anna wundert sich, wie man nur so dumm fragen kann. »Er ist doch hier in dem Bilderbuch. Hier ist er doch!«, sagt sie und hat auch schon die richtige Seite aufgeschlagen. Sie tippt dem Weihnachtsmann mit seinem roten Mantel mitten auf den Bauch. »Den kann man doch gar nicht verwechseln!«

»Und Mutti und Vati?«, fragt Jonathan und überlegt, ob es richtig ist, so kurz vor der Bescherung noch wegzugehen.

»Die haben doch noch so viel zu tun«, sagt Anna und ist bereits im Flur, um an der Garderobe nach ihrem Mantel zu angeln. »Bis die fertig sind, werden wir längst wieder hier sein.«

Da greift auch Jonathan nach seinem Anorak und steigt in seine dicken Winterstiefel. Auf Zehenspitzen schleichen die Kinder aus dem Haus.

Auf der Straße ist es kalt und windig. Der Eichenweg ist menschenleer. Niemand ist auf der Straße. Auch vom Weihnachtsmann ist nichts zu sehen. »Er war noch nicht hier«, stellt Jonathan fest, als er sich nach allen Seiten umgesehen hat. Es ist noch zu hell. Hinter den Fenstern der Häuser ist noch nichts von brennenden Kerzen am Weihnachtsbaum zu sehen. »Gehen wir weiter zum Birkenweg! Sicher wird er von dort kommen!«, sagt Anna.

Doch im Birkenweg ist auch kein Weihnachtsmann. »Immerhin ist es schon dunkler geworden«, stellt Anna fest. »Wenigstens ein kleines bisschen!«

Auch im Lindenweg treffen sie den Weihnachtsmann nicht. »Vielleicht kommt er ja durch den Meisenweg?«, meint Jonathan. Den Meisenweg kennt er gut, weil hier Fabian wohnt. Fabian ist sein bester Freund.

Doch auch im Meisenweg finden sie den Weihnachtsmann nicht. Dafür sehen sie durch ein Fenster, dass in einem Wohnzimmer bereits die Kerzen am Weihnachtsbaum brennen. »Hier war er schon!«, seufzt Anna und ärgert sich ein bisschen, weil sie zu spät gekommen sind.

»Dann ist er jetzt vielleicht im Hasenpfad!« Jonathan nimmt Anna an der Hand und zieht sie hinter sich her. Und wirklich! Als sie in den Hasenpfad einbiegen, da

sehen sie den Weihnachtsmann ganz am Ende der Straße. Er geht mit langsamen, schweren Schritten geradewegs auf den Tannenweg zu. Da stürmen die beiden Kinder los.

Als sie näher kommen, entdecken sie, dass der Weihnachtsmann keinen roten Mantel trägt und auch keine Weihnachtsmannmütze wie im Bilderbuch. Dafür trägt er einen Pelzmantel und dicke Stiefel. Die Stiefel und das lockige weiße Haar verraten, wer er ist. Es muss der Weihnachtsmann sein, wenn sie auch im Augenblick seinen Sack nicht sehen können. Sicher hat er ihn irgendwo abgestellt. Schon sind Anna und Jonathan so nah, dass sie den Weihnachtsmann von hinten an den Händen packen können. »Weihnachtsmann!«, rufen sie froh. »Jetzt haben wir dich endlich gefunden! Bitte geh mit uns nach Hause!«

Anna klammert sich dabei so fest an ihn, dass der Weihnachtsmann stehen bleiben muss. Aber wie erschrecken die Kinder, als er sich umdreht und sie anblickt. Da sehen sie nämlich, dass es gar nicht der Weihnachtsmann ist! Es ist eine alte Frau mit Brille auf der Nase und Dauerwellen im weißen Haar. Ganz schnell lassen sie ihre Hände los.

»Ihr seid also hinter dem Weihnachtsmann her?«, fragt die Frau und lächelt.

Die Kinder nicken. »Er kommt und kommt nicht!«, sagt Anna mit zittriger Stimme.

»Haben euch eure Eltern losgeschickt?«, fragt die alte Frau.

Jonathan schüttelt den Kopf und Anna antwortet: »Die sind sicher noch im Wohnzimmer!«

»Hm!«, sagt die Frau. »Dann haben sie sicher gar nicht bemerkt, dass ihr fortgelaufen seid?«

»Wir wollten doch den Weihnachtsmann suchen!«, ruft Jonathan.

Da lacht die Frau, und es klingt wie Silberglocken. »Dann seid froh, dass ihr wenigstens die Weihnachtsfrau gefunden habt!«, meint sie.

»Die Weihnachtsfrau?« Davon haben Anna und Jonathan noch nie gehört.

»Jedes Jahr«, erklärt ihnen die alte Frau, »gibt es immer wieder Kinder, die von zu Hause fortlaufen, um den Weihnachtsmann zu suchen.«

»Finden sie ihn denn?«, fragen die Kinder mit großen Augen an.

Die Frau schüttelt den Kopf. »Meistens begegnen sie der Weihnachtsfrau!«, erklärt sie.

»Und was macht die Weihnachtsfrau?«, fragt Jonathan aufgeregt.

»Die Weihnachtsfrau«, meint die Frau bedächtig, »bringt die Kinder dann wieder nach Hause.«

Da sind Anna und Jonathan sehr froh, dass sie der Weihnachtsfrau begegnet sind, denn mittlerweile ist es richtig dunkel geworden, und die Straßen sehen im Dunkeln ganz anders aus als am Tag.

»Wo wohnt ihr denn?«, fragt die Frau. Ganz schnell nennen die Kinder ihre Adresse. »Den Eichenweg kenne ich natürlich«, sagt die Weihnachtsfrau. »Na, dann kommt mal mit!«

Die Weihnachtsfrau nimmt die beiden Kinder fest bei der Hand und geht mit schnellen Schritten los. »Hoffentlich machen sich eure Eltern keine Sorgen!«, sagt sie.

»Die haben doch gar nichts bemerkt!«, sagt Anna.

Als sie in den Eichenweg einbiegen und vor dem Haus stehen, ist wirklich nichts von Aufregung zu bemerken. Aber jetzt können die Kinder ganz deutlich sehen, dass gerade die Kerzen am Weihnachtsbaum im Wohnzimmer angezündet werden. Sie leuchten hell durch das Fenster und verbreiten ein Gefühl von Freude, Wärme und Geborgenheit.

»Seht ihr, der Weihnachtsmann war gerade da!«, sagt die alte Frau freundlich. »Da seid ihr ja noch zur rechten Zeit zu Hause. Lauft schnell hinein!«

»Danke, Weihnachtsfrau!«, rufen die beiden fröhlich und eilen zur Haustür. Bevor sie hineingehen, drehen sie sich noch einmal um, um der Weihnachtsfrau nachzuwinken. Doch sie ist bereits weitergegangen.

Verwundert öffnen die Eltern die Tür. »Wo kommt ihr denn her?«, fragt Mutti aufgeregt.

Vati blickt sie entsetzt an, weil er nicht einmal bemerkt hat, dass die Kinder fortgegangen waren.

Anna und Jonathan stürmen an ihnen vorbei ins Wohnzimmer und jubeln: »Der Weihnachtsmann war da!«

Viel später erzählen sie dann von der Weihnachtsfrau. Die Eltern schütteln nur immer wieder den Kopf.

»Ob es sie wirklich gibt?«, fragt Anna nachdenklich.

Doch Jonathan lässt sich nicht beirren. »Wer war es denn sonst? Wer hat uns denn nach Hause gebracht, wenn es nicht die Weihnachtsfrau war?«

Das stimmt. Das weiß Anna auch. Die Eltern sind froh, dass ihre Kinder wieder heil nach Hause gekommen sind. Ja, das ist am allerwichtigsten für sie.

Der Schneemann Paul

In diesem Winter hat es noch nicht einmal richtig geschneit. Nun ist der Januar auch schon fast vorüber. Anna und Jonathan sind richtig verzweifelt. Sie hatten sich
so sehr auf das Schlittenfahren gefreut. Vati hatte ihnen
versprochen: »Wenn es geschneit hat, bauen wir einen
ganz großen Schneemann. Den schönsten Schneemann,
den man sich denken kann!«
Und jetzt? »Dann müssen wir ihn eben nächstes Jahr
bauen!«, meint Vati.
Aber dann wird es doch noch wahr. In der Nacht vom
2. zum 3. Februar beginnt es auf einmal zu schneien. Es

schneit und schneit die ganze Nacht hindurch. Es schneit den ganzen Morgen bis zum Mittagessen. Und weil dieser Tag ein Samstag ist, hat Vati frei und braucht nicht zur Arbeit.

Versprochen ist versprochen! So baut er nach dem Mittagessen mit Anna und Jonathan einen Schneemann. Den schönsten Schneemann, den man sich nur denken kann. Zuerst rollen sie aus einem großen Schneeball eine riesige Walze und gleich darauf noch eine zweite. Diese stellen sie übereinander auf. Dann patschen sie noch eine Menge Schnee rundherum fest. Eine dritte große Schneekugel setzen sie als Kopf darauf.

Aber dann geht es erst richtig los. Der Schneemann muss natürlich einen Hut auf dem Kopf haben. Gut, dass Mutti noch einen alten roten Hut hat. Der ist genau richtig. Mutti gibt ihnen auch den Besen, den sie nicht mehr braucht. Dicke schwarze Steine werden die Augen und die Mantelknöpfe. Eine Mohrrübe wird die Nase, und eine Reihe kleiner schwarzer Knöpfe bilden den Mund. Und dann findet Mutti noch den karierten Schal, den Onkel Paul vor langer Zeit vergessen hat, als er zu Besuch kam. Da wissen sie gleich, wie der Schneemann heißen soll: Schneemann Paul!

Als der Schneemann endlich fertig ist, staunen alle, die ihn sehen. Ja, Schneemann Paul ist wirklich der schönste und größte Schneemann, den man jemals gesehen hat. Nur Frau Müller, die sich nie richtig freuen kann, sagt: »Als ich noch ein Kind war, hat mir mein Vater auch einen Schneemann gebaut. Der war noch viel größer und schöner! Außerdem haben sie für morgen im Wetterbericht Regen angesagt. Das hält der beste Schneemann nicht aus!«

Doch es regnet nicht. Nicht am nächsten Tag und auch nicht am übernächsten. Zwei Wochen lang steht der schöne Schneemann Paul im Garten. Alle Leute, die vorbeikommen, bleiben am Gartenzaun stehen und freuen sich über ihn.

Jonathans Schulklasse kommt sogar mit ihrer Lehrerin. Jonathan hat so viel von dem Schneemann erzählt, dass alle ihn unbedingt einmal ansehen wollen. Später malen

sie in der Klasse viele Bilder von Schneemann Paul und hängen sie im Klassenzimmer auf.

Doch dann kommt plötzlich der erste wirklich warme Tag. Die Sonne schiebt einfach die Wolken ein wenig zur Seite, sodass sie die Erde so richtig aufwärmen kann. O weh, armer Paul!, denkt Jonathan, als er am Morgen mit seinen Freunden auf den Pausenhof kommt. Der meiste Schnee rundum ist bereits weggeschmolzen. Auch Anna muss heute Morgen immer wieder an den Schneemann denken. Im Kindergarten singen sie schon das erste Frühlingslied.

Als die Kinder nach Hause kommen, stürmen sie gleich in den Garten. Hoffentlich ist der Schneemann Paul noch nicht geschmolzen! Wie staunen und erschrecken sie aber, als sie dorthin kommen, wo Paul gestanden hat. Er ist nämlich nicht mehr da! Spurlos verschwunden! »So schnell kann er doch nicht geschmolzen sein«, sagt Anna traurig.

»Vielleicht hat es die Sonne in unserem Garten ganz besonders gut gemeint«, klagt Jonathan.

»Vielleicht konnte sie Paul nicht leiden!«

Da brüllt Anna auf einmal los und zeigt auf den großen Tannenbaum ganz hinten im Garten. Im Schatten unter dem Tannenbaum steht Schneemann Paul. Dort, wo ihn die Sonnenstrahlen nicht erreichen können, steht er heil und völlig unversehrt. Wie freuen sich Anna und Jonathan! Aber wie ist der Schneemann dorthin gekommen? Hat Mutti vielleicht ...? Doch Mutti schüttelt den Kopf. »Wie hätte ich ihn denn tragen sollen?«, fragt sie.

Die Kinder müssen ihr Recht geben. Und Vati? Der arbeitet den ganzen Tag und kommt erst am Abend nach Hause. Da wundert er sich ebenso wie die Kinder.

Am nächsten Tag scheint die Sonne wieder hell und warm. Anna und Jonathan hoffen, dass der Schatten unter dem Tannenbaum noch für Paul ausreicht. Als sie aber mittags in den Garten kommen, ist der Schneemann schon wieder fort. Jetzt beginnen sie gleich, ihn zu suchen. Sie suchen überall im Garten. Dann finden sie ihn endlich: Paul steht, ganz in eine Ecke gedrückt, hinter dem kleinen Steinhaus, das Vati für die Gartengeräte und den Rasenmäher gebaut hat. Hier ist es wirklich noch kühl. Der Schneemann Paul hat sich das kühlste Plätzchen im Garten ausgesucht. Hier ist Paul noch sicher. Die Kinder jubeln laut vor Freude.

Am dritten Tag aber regnet es, was der Himmel hergibt. Da wird der letzte Schnee vom Regen aufgelöst und hinweggeschwemmt. Vor diesem Regenguss gibt es im Garten keinen Schutz mehr. Anna und Jonathan dürfen auch nicht in den Garten hinaus. Nur vom Fenster aus können sie sich die Pfützen im Garten ansehen.

»So eine Pfütze war einmal unser Paul!«, sagt Anna traurig.

»Die größte dort!« Jonathan zeigt auf die Riesenpfütze mitten im Garten. Ja, dort hat der Schneemann auch einmal gestanden.

»Wer von euch hat die Kellertür offen gelassen?«, ruft Mutti plötzlich von unten.

Als die beiden Kinder in den Keller kommen, können sie es nicht glauben: Mitten im Keller steht Paul und regt und rührt sich nicht. Schön und groß ist er. So schön und groß wie immer.

»Sehr lange kann er sich aber auch hier nicht halten!«, meint Mutti. »Wenn der letzte Schnee schmilzt, wird es auch im Keller wärmer!«

»Dann sitzt er morgen vielleicht in der Kühltruhe!«, sagt Anna.

Da beschließt Mutti, ein Schloss an der Tiefkühltruhe anzubringen. Ihnen allen ist die Sache nämlich nicht ganz geheuer.

Am Abend sagt Vati: »Am besten erzählt ihr keinem Menschen etwas von dem Schneemann im Keller. Die halten uns sonst für verrückt und schicken uns am Ende noch die Polizei ins Haus!«

»Noch ein paar Tage«, sagt Mutti, »dann wird der Schneemann auch im Keller geschmolzen sein.«

»Schade«, sagt Jonathan traurig, »sehr schade!«

»Armer Paul!«, fügt Anna leise hinzu.

Doch in der nächsten Nacht schneit es noch einmal. Nicht so viel Schnee wie damals, aber immerhin! Richtig kalt ist es noch einmal geworden. Bitterkalt! Der Frühling ist vergessen. Noch einmal macht sich der Winter so richtig breit.

Als die Kinder am Mittag in den Garten kommen, ist auch Schneemann Paul wieder da. Er steht genau dort, wo sie ihn gebaut hatten. Mitten im Garten steht er und lacht mit seinem Mund aus Steinen die Kinder vergnügt an.

Sie können es nicht fassen, weder Mutti noch Vati, weder Anna noch Jonathan. Schneemann Paul steht wirklich wieder im Garten, und er ist noch schöner und größer geworden!

Der Zauberschrank

»Ich kann nicht schlafen!«, sagt Anna und steht mit ihrem Kuschelkissen mitten im Wohnzimmer.
»Du hast aber doch dein Kuschelkissen!«, meint Mutti.
»Und ich habe dir eine Geschichte vorgelesen!«, sagt Vati.
»Jonathan schläft auch noch nicht!«, antwortet Anna und deutet auf ihren Bruder.

»Du siehst doch, dass er noch immer an seinen Aufgaben sitzt«, sagt Vati. »Bist du nun endlich fertig, Jonathan?«

»Ja, bald!«, murrt Jonathan.

»Ich habe Angst!«, sagt Anna und rührt sich nicht von der Stelle.

»Wovor denn?«, fragt Mutti

»Vor dem Zauberschrank!« Anna blickt Mutti mit großen Augen an.

»Wo ist er denn, dein Zauberschrank?«, fragt Mutti.

»In meinem Zimmer!«, sagt Anna leise.

Da nimmt Mutti Anna an der Hand. »Zeig mir deinen Zauberschrank!«, sagt sie, als sie in Annas Zimmer sind.

»Da!« Anna deutet auf den großen Schrank an der Wand.

»Das ist dein Kleiderschrank!«, sagt Mutti ruhig.

»Aber da wohnt der Zauberer Hokus von Pokus drin!« Anna klammert sich ängstlich an ihre Mutter.

Da geht Mutti zum Schrank und öffnet die Tür. »Hier gibt es keinen Zauberer!«, sagt sie.

»Er hat sich versteckt!«, flüstert Anna.

»Wie kommst du nur auf diesen Unsinn?« Mutti ist ein bisschen ärgerlich. »Jetzt ab ins Bett! Hier gibt es keinen Zauberer!«

Aber Anna ist steif wie ein Brett. Mutti schafft es nicht, sie ins Bett zu bringen.

»Manchmal klopft es im Schrank!«, sagt Anna.

»Wann?«

»Vorhin! Jonathan hat es auch gehört!«

»Aha!«, sagt Mutti nur. Dann ruft sie: »Jonathan!«

Sie muss ein paar Mal rufen, bis Jonathan endlich kommt. »Was ist mit dem Schrank?«, fragt Mutti.

»Ich weiß nicht!«, sagt Jonathan und kriegt ganz rote Ohren.

»Da wohnt der Zauberer Hokus von Pokus!«, sagt Anna. »Und er kann mich verzaubern!«

»Du warst dabei, als er klopfte?«, fragt Mutti und packt Jonathan am Arm.

»Jetzt klopft er nicht mehr!«, sagt Jonathan.

»Er ist aber immer noch drin!«, meint Anna und ist nicht bereit, allein hier zu bleiben. Und als Vati noch dazukommt und auf sie einredet, beginnt sie sogar zu weinen.

»Jonathan, was machen wir jetzt?«, fragt Mutti ärgerlich.

»Es war ja nur Spaß!«, sagt Jonathan kleinlaut.

»Anderen Angst machen ist kein Spaß!«, meint Vati und nimmt Anna auf den Arm.

»Heute Nachmittag hat sie darüber nur gelacht!«, meint Jonathan.

»Aber jetzt ist es dunkel!«, ruft Anna und muss laut weinen. »Ich habe Angst!«

»Ich schlafe nachher bei dir!«, schlägt Jonathan schließlich vor.

»Nicht nachher!«, sagt Vati. »Jetzt gleich! Du bist ja mit deinen Aufgaben fertig.«

»Jetzt klopft keiner mehr«, flüstert Anna zufrieden und kuschelt sich im Bett eng an Jonathan. »Jetzt musst du immer bei mir schlafen, damit der Zauberer nicht aus dem Schrank kommt!«

Zwei Mal wird Jonathan noch von Anna geweckt. Sie sitzen nebeneinander im Bett und lauschen. Aber der Zauberschrank steht stumm an der Wand wie ein Kleiderschrank. Auch nicht das leiseste Klopfen ist zu hören.

»Es ist kein Zauberschrank mehr!«, sagt Jonathan beim Frühstück. »Ich weiß es ganz genau!«

»Gestern hat der Zauberer im Schrank geklopft!«, sagt Anna und lässt sich nicht beirren.

»Aber heute klopft er nicht mehr!«, antwortet Jonathan ganz fest.

»Heute Abend schläfst du aber wieder bei mir!«

Jonathan schüttelt den Kopf. »Der Zauberer ist umgezogen!«, sagt er.

»Wohin?«, fragt Anna erstaunt.

»Er wohnt jetzt bei mir im Zimmer!«, sagt Jonathan. »In meinem Schrank!«

»Dann musst du erst recht bei mir schlafen!«, ruft Anna.

Am Morgen geht Anna in den Kindergarten. Da braucht sie sich keine Sorgen um den Zauberer zu machen. Doch mittags, als Jonathan aus der Schule zurück ist, da fällt ihr auch der Zauberer wieder ein.

»Ist er jetzt wirklich in deinem Schrank?«, fragt sie.

»Ganz bestimmt!«, sagt Jonathan.

Und dann hocken beide vor dem Schrank und warten.

»Er ist nicht hier!«, sagt Anna nach einer Weile. »Er ist bestimmt drüben in meinem Zauberschrank!«

»Du bist zu ungeduldig!«, meint Jonathan und setzt sich ganz dicht neben den Schrank.

Bum! Bum! Bum! Wirklich! Da war es wieder!

»Soll ich mal nachschauen?«, fragt Jonathan.

Da schreit Anna laut. Doch Jonathan öffnet ganz vorsichtig die Tür. Sie starren beide in den Schrank. Es ist kein Zauberer zu sehen.

»Hallo, Herr Hokus von Pokus, sind Sie da?«, ruft Jonathan.

Keine Antwort.

»Schade!«, meint Jonathan. »Er hat sich wieder unsichtbar gemacht!«

Jonathan sucht den ganzen Schrank ab, aber er findet nichts. Nun traut sich auch Anna näher heran.

»Was ist das?«, ruft sie plötzlich und greift nach einem winzigen Päckchen im Schrank. Es ist in knallrotes Buntpapier eingepackt und hat eine silberne Schleife.

»Ich weiß nicht!« Jonathan zuckt mit den Schultern.

Gut, dass Anna sich das Päckchen so genau ansieht, sonst müsste sie merken, dass Jonathan sich das Lachen verkneift. »Vielleicht hat es der Zauberer für dich hingezaubert!«, sagt er schnell.

»Meinst du?« Anna reißt bereits die Verpackung von dem winzigen Päckchen herunter. Als sie den Deckel der kleinen Schachtel öffnet, ruft sie ganz erstaunt: »Ah!«

Auch Jonathan darf in die kleine Schachtel hineingucken. »Ein Ring!«, ruft Anna froh. »Ein Ring wie aus dem Kaugummiautomat!« Sie kann es nicht fassen.

»Ein Geschenk vom Zauberer Hokus von Pokus!«, sagt Jonathan. »Ein Geschenk für dich!«

»Danke!«, ruft Anna in den Schrank hinein. »Danke, lieber Zauberer! – Morgen zaubert er mir sicher wieder etwas!«, sagt sie und steckt sich den Ring an den Finger. Er passt wie angegossen.

Als Anna ihren Eltern den Ring zeigt, wollen sie es nicht glauben. »Wirklich ein Ring von dem Zauberer?«, staunt Mutti.

»Das ist aber ein netter Herr, der Zauberer!«, sagt Vati.

»Er ist unser Zauberer!«, stellt Anna richtig. »Meiner und Jonathans! Es ist nur ein winziger Zauberer. Deshalb zaubert er auch nur so winzige Sachen!«

»Ein winziger Zauberer ist besser als gar keiner!«, meint Vati.

»Und er wohnt jetzt in Jonathans Schrank!«, ruft Anna froh. »Da brauche ich nachts keine Angst mehr zu haben.«

Am nächsten Tag findet Anna eine bunte Glaskugel im Schrank, danach eine kleine Spieluhr, die man sich um den Arm legen kann. Alles Sachen, die es auch im Kaugummiautomat an der Ecke gibt. Aber dafür hat Anna kein Geld.

»Der Herr Hokus von Pokus weiß, was junge Mädchen wünschen!«, lacht Vati.

»Und wenn du nichts mehr in Jonathans Schrank findest?«, fragt Mutti.

»Dann zieht er wieder in meinen Schrank!«, sagt Anna. »Und dann muss Jonathan wieder bei mir schlafen!«

Später fragt Jonathan seine Mutter, ob er noch etwas Taschengeld haben kann.

»Ist es schon alle?«, fragt sie erstaunt. »Du hast doch dein Taschengeld für diese Woche schon bekommen!«

»Unser Jonathan kaut in letzter Zeit zuviel Kaugummi!«, sagt Vati und grinst.

Dann gibt er Jonathan aber doch noch ein paar Mark. »Gehst du damit wieder an den Kaugummiautomat?«, fragt er.

Gut, dass jetzt gerade Fabian an der Tür klingelt. Jonathan läuft gleich los, um ihm zu öffnen. So braucht er Vati nicht zu antworten.

Am nächsten Tag liegt im Zauberschrank ein kleiner Schlüsselanhänger für Anna. Und ein Päckchen Kaugummi. Ein Brief liegt auch noch dabei. »Jonathan, bitte lies ihn mir vor!«, bettelt Anna.

Da öffnet Jonathan den Umschlag und holt den Brief heraus.

»Liebe Anna!«, liest er. »Ich habe viele schöne Dinge für dich herbeigezaubert. Aber nun warten auch andere Kinder auf mich. Deshalb muss ich jetzt umziehen. Ich wohne ab heute im Schrank von Dorothea in Darmstadt. Das ist so weit weg, dass ich leider niemals wiederkommen kann. Herzliche Zaubergrüße, dein Hokus von Pokus.«

Anna klemmt sich den Schlüsselanhänger an ihre Hose, steckt sich den Kaugummi in den Mund und sagt zu Jonathan: »Jetzt brauchst du nicht mehr bei mir zu schlafen. Er wohnt jetzt in Darmstadt!«

Und dann bietet sie Jonathan natürlich auch einen Kaugummi an.

Die Troll-Katrin

An dem Tag, als die Troll-Katrin verschwunden war, suchten alle aufgeregt nach ihr. Der Troll-Vater lief von einem Baum zum anderen. Er sah bei jeder Wurzel nach. Er kletterte in jeden Gipfel und schaute sich nach allen Seiten um. Von der Troll-Katrin war nichts zu sehen.
Die Troll-Mutter huschte durch die Büsche und Hecken. Sie suchte unter jedem Blatt. Die Troll-Katrin blieb verschwunden.
Der Troll-Opa ging bis zum Waldrand zu den großen Ameisenhaufen. Er fragte die Bienen und Hummeln,

die Schmetterlinge und das Eichhörnchen nach der Troll-Katrin. Keiner hatte die Troll-Katrin gesehen.

Die Troll-Oma durchsuchte das ganze Haus vom Keller bis zum Speicher. Sie sah sich in dem Schuppen um, wo die Eicheln, Kastanien und Tannenzapfen gelagert waren. Sie stieg sogar auf das Dach und guckte in den Schornstein hinein. Keine Spur von der Troll-Katrin.

Troll-Rolf, Troll-Katrins großer Bruder, lief bis zu den Birkentrollen und Buchentrollen. Er fragte jeden nach der Troll-Katrin. Vergebens.

Troll-Petra, Troll-Katrins große Schwester, suchte am Waldbach. Sie frage die Farntrolle und Wacholdertrolle. Niemand konnte ihr helfen, die Troll-Katrin zu finden. Die alte Troll-Uroma aber, die nicht mehr gut sehen konnte, saß in ihrem Lehnstuhl neben den Heidelbeerbüschen und weinte bittere Tränen um die Troll-Katrin.

An dem Tag, als die Troll-Katrin verschwunden war, waren alle Trolle sehr traurig und wussten vor Kummer nicht ein noch aus. Die Troll-Katrin hatte an diesem Tag den Frosch am Teich besucht. Er konnte so schöne Geschichten erzählen. Als die Troll-Katrin heimgehen wollte, huschte sie nicht durch Hecken und Büsche. Sie lief über den Waldweg mit den vielen Fahrrillen, weil das kürzer und schneller war. Wie erschrak die Troll-Katrin, als sie plötzlich vier Menschen vor sich sah, die den Weg entlangkamen. Fortlaufen konnte sie nicht mehr. Dafür war es bereits zu spät. So legte sie sich blitzschnell in eine Fahrrille auf die Erde. Und weil die Troll-Katrin so braun wie die Erde war, hoffte sie, nicht entdeckt zu werden ...

Anna und Jonathan haben mit ihren Eltern einen langen Sonntagsspaziergang gemacht. Jetzt ist Anna müde und trottet langsam hinter den anderen her.

»Beeil dich, Anna!«, ruft Vati. »Oder soll ich dich das letzte Stück tragen?«

Er breitet seine Arme aus. Doch Anna bückt sich zur Erde hin und hebt etwas aus der Fahrrille auf.

»Was hast du da?«, fragt Jonathan.

»Eine Puppe!«, ruft Anna glücklich und hält die kleine Troll-Katrin in ihrer Hand. Werden Trolle von Menschen angefasst und festgehalten, sind sie sogleich stocksteif und können sich erst wieder bewegen, wenn sie freiwillig von ihnen wieder losgelassen werden.

»Wirf sie weg!«, ruft Mutti. »Sie ist so schmutzig!«

Da drückt Anna die Troll-Katrin ganz fest an sich und lässt sie nicht mehr los.

»Bäh!«, sagt Vati und will Anna die Troll-Katrin wegnehmen. Da drückt Anna sie noch fester an sich und beginnt zu weinen.

»Man kann sie doch waschen!«, meint Jonathan.

»Nicht in die Waschmaschine!«, weint Anna.

»Wenn du so schmutzig bist, muss ich dich auch schrubben!«, sagt Mutti.

Das versteht Anna. »Dann schrubbe ich die Puppe!«, sagt sie und wischte die Tränen ab.

Am Abend schrubbt die Mutter Anna in der Badewanne, und Anna schrubbt die Troll-Katrin. Die Troll-Katrin kennt keine Seife. Ihr steigt der fremde Seifenschaum in die Augen, dass sie weinen muss. Gut, dass es niemand bemerkt. Alles riecht so schrecklich fremd, dass es der Troll-Katrin fast schlecht wird. Dann rubbelt Mutti Anna gründlich mit dem Handtuch von oben bis unten ab. Anna rubbelt die Troll-Katrin mit dem Puppenhandtuch. Jetzt ist Anna trocken und weiß und noch ein bisschen rot vom Baden. Die Troll-Katrin ist trocken und immer noch so braun wie vorher. Aber sie riecht nicht mehr nach Wald und Erde, nach Beeren und Tannennadeln.

»Nein, diese Puppe kommt nicht mit ins Bett!«, sagt Mutti. Sie legt die Troll-Katrin in das kleine Puppenbett auf dem Spielregal.

»Sie ist doch gewaschen!«, meint Anna leise. Aber auch Vati schüttelt den Kopf.

»Sie gehört auf den Müll!«, sagt Mutti leise zu Vati. Aber Anna hat es doch gehört. Als die Eltern gegangen sind, huscht Anna ganz leise aus dem Bett und holt die Troll-Katrin. »Du kommst nicht auf den Müll!«, sagt sie und wickelt die Troll-Katrin in die kleine Puppendecke und legt sie neben sich auf das Kopfkissen. »Morgen bade ich dich noch einmal!«, flüstert sie ihr zu.

Nun liegen Anna und die Troll-Katrin nebeneinander im Bett. Anna weint, weil die Troll-Katrin auf den Müll soll. Und die Troll-Katrin weint, weil sie solches Heimweh hat. Heimweh nach der Troll-Mutter und dem Troll-Vater, nach der Troll-Oma und dem Troll-Opa, nach Troll-Petra und Troll-Rolf, nach der alten Troll-Uroma und nach dem Wald, der Erde und dem kleinen Troll-Haus zwischen den Heidelbeerbüschen.

Spät am Abend ist der Troll-Rolf noch zu den Bergtrollen gelaufen. Jetzt kommt er traurig daher, weil auch dort keiner die Troll-Katrin gesehen hat. Als er den Waldweg überqueren will, hockt dort der alte Fuchs. »Sucht ihr eure Troll-Katrin?«, fragt der Fuchs. »Ich weiß wo sie ist!«

Der Fuchs hat genau gesehen, was geschehen ist. Er ist sogar heimlich hinter den Menschen hergelaufen. Er hat beobachtet, wie sie in ein Haus gingen, in ein Haus mit großem Garten, das recht nahe am Wald steht. Aber dann hat er plötzlich einen Hasen entdeckt und ist hinter ihm hergelaufen. Die Troll-Katrin hat er vergessen. So sind Füchse. Aber jetzt, als der Fuchs den Troll-Rolf sieht, fällt ihm alles wieder ein.

»Danke, Fuchs, danke!«, ruft der Troll-Rolf und läuft so schnell er kann nach Hause zu den anderen. Als die Trolle erfahren, wo die Troll-Katrin ist, machen sie sich sogleich auf den Weg zu ihr. Nur die alte Troll-Uroma bleibt daheim und wacht über das Haus und das Feuer. Die Trolle huschen durch die Büsche und Hecken. Sie laufen bis zu dem Garten und zwängen sich durch die Latten des Gartenzauns. Als sie vor dem Haus ankommen, entdecken sie, dass ein einziges Fenster einen

Spaltbreit offen steht. Es ist zum Glück das Fenster von Annas Zimmer. So klettern die Trolle an der Regenrinne hinauf und schaffen es, auch die Fensterbank zu erreichen.

Anna schläft. Neben ihr liegt stocksteif die Troll-Katrin auf dem Kopfkissen und schaut sie mit großen Augen an. Wie freut sich die Troll-Katrin, als sie alle ganz vorsichtig über die Bettkante zu ihr klettern. Sie streicheln die Troll-Katrin, tuscheln ganz leise mit ihr und sprechen ihr Mut zu. Dann huschen alle ebenso leise und behutsam zu Anna. Die Troll-Mutter beugt sich zu Annas Ohr hinunter und sagt ganz leise: »Bitte lass unser Kind wieder frei!« Troll-Petra flüstert Anna in das andere Ohr: »Unsere Troll-Katrin hat Heimweh! Was tätest du denn, wenn du nicht mehr nach Hause könntest?« »Bitte lass unsere Troll-Katrin frei!«, flüstern die Trolle und streicheln Anna. Dann machen sie sich schweren Herzens auf den Heimweg.

»Habt ihr die Troll-Katrin gesehen?«, fragt die alte Troll-Uroma, als sie endlich nach Hause kommen.

»Sie lag mit einem Menschenkind im Bett!«, antwortet die Troll-Oma.

»Das Kind hatte ein liebes Gesicht!«, meint der Troll-Rolf.

»Ein gutes Gesicht!«, fügt der Troll-Vater hinzu.

»Kommt sie bald nach Hause?«, fragt die alte Troll-Uroma.

»Wer weiß?«, antwortet der Troll-Opa und schnäuzt sich.

»Vielleicht!«, sagt Troll-Petra.

Am nächsten Morgen steht Anna früh auf und geht mit der Troll-Katrin zu ihrer Mutter. »Bringen wir sie heute wieder zurück?«, fragt Anna.

»Wann?«, fragt Mutti.

»Jetzt!«, meint Anna traurig und zieht ihre Jacke an.

»Warum denn?«, fragt Mutti.

»Die Trolle waren bei mir!«, antwortet Anna. »Ich soll sie zurückbringen!«

Mutti blickt Anna erstaunt an. »Wo waren die Trolle?«

»Bei mir im Traum«, sagt Anna.

»Gut!«, sagt Mutti und nimmt Anna an der Hand. »So ist es am besten!«

»Ich komme mit!«, sagt Jonathan.

Sie gehen zum Wald, und Anna legt die Troll-Katrin dorthin, wo sie sie gefunden hat. Sie streichelt sie noch einmal ganz zart und sagt leise: »Tschüss!« Dann gibt sie ihrer Mutter die Hand und geht mit ihr davon.

»Das wollte ich dir noch erzählen«, sagt Mutti, als sie fast zu Hause sind, »Vati bringt dir heute eine neue Puppe mit!«

Da spürt Anna plötzlich, dass sie sich wieder freuen kann.

Die Troll-Katrin bleibt stocksteif liegen, bis die Menschen wirklich fort sind. Dann versucht sie sich ein wenig zu bewegen. Es gelingt ihr auch sogleich. Da hebt sie den Kopf, sieht sich um, springt auf und rennt so schnell sie kann nach Hause. Und als die Troll-Katrin ihr Haus zwischen den Heidelbeerbüschen wieder sieht, da stehen die Trolle schon alle davor und warten auf sie.

Der Geburtstagshund

Als Jonathan sieben Jahre alt wird, da wünscht er sich nichts mehr als einen Hund. Kein Fahrrad, keinen Ball, keinen Computer, kein Meerschweinchen und auch keinen Goldhamster. Einen Hund! Und sonst nichts!

Mutti schüttelt den Kopf. »Zwei Kinder machen schon genug Arbeit!«, sagt sie.

»Nur einen ganz kleinen Hund!«, bettelt Jonathan. »So einen Hund«, sagt er, als er den winzigen Hund sieht, den Frau Baier auf dem Arm trägt.

»Der ist doch viel zu klein!«, meint Anna. »Ich wünsche mir zum Geburtstag einen großen Hund, so groß wie ein Löwe!«

»So große Hunde gibt es gar nicht!«, sagt Jonathan und lacht sie aus.

»Gibt es doch!« Anna stampft mit dem Fuß auf.

»Du hast ja auch noch lange nicht Geburtstag«, ruft Jonathan.

Anna läuft zu ihrer Mutter. »Wenn Jonathan einen Hund bekommt, will ich auch einen haben!«

»Es gibt überhaupt keinen Hund!«, sagt Mutti.

An diesem Abend ist Jonathan so traurig, dass er weinen muss. Er kann auch nicht lachen, als der Vati eine lustige Geschichte vorliest. »Jonathan weint, weil er sich einen kleinen Hund wünscht«, erklärt Anna leise ihrem Vater.

»Wenn man sich etwas wünscht, braucht man doch nicht zu weinen«, wundert sich Vati.

»Wenn man es aber nicht bekommt?«, fragt Anna und fügt gleich hinzu: »Ich will auch einen Hund zum Geburtstag!«

Vati schüttelt nur den Kopf. »Zwei Hunde? Man kauft höchstens einen!«

Da springt Jonathan aus dem Bett. »Ihr kauft mir also doch einen Hund zum Geburtstag?«, jubelt er und umarmt Vati so fest er kann.

»Das hab ich nicht gemeint«, sagt Vati.

»Hast du doch!«, ruft Anna. »Einen großen Hund für uns zusammen«, bettelt sie weiter. »Dann braucht ihr mir nächstes Jahr nichts mehr zum Geburtstag zu schenken!«

Vati trägt Anna in ihr Bett. Als er sieht, dass Jonathan wieder weint, verspricht er mit Mutti zu reden.

Jonathan wischt sich mit beiden Händen die Tränen aus dem Gesicht.

»Vati wünscht sich auch einen Hund«, flüstert Anna durch das dunkle Zimmer.

»Er hat sich schon immer einen Hund gewünscht«, flüstert Jonathan zurück, »schon als er noch ein kleiner Junge war. Aber er hat nie einen bekommen.«

»Hast du mit Mutti gesprochen?«, fragt Jonathan seinen Vater beim Frühstück. Jonathan muss immer wieder an den Hund denken.

»Den ganzen Abend lang. Wir sprechen doch immer miteinander«, meint Vati und blinzelt Mutti ein bisschen zu.

»Wir kriegen einen Hund!«, jubelt Anna und springt von ihrem Stuhl. Sie tanzt durch die Küche. »Ein Hund!«, singt sie immer wieder. »Ein riesengroßer Hund. Ein Geburtstagshund!«

»Wie kommst du denn darauf?«, fragt Mutti erstaunt.

»Vati hat geblinzelt!«!

»Ich denke, Jonathan hat Geburtstag!«, sagt Vati.

»Dann teilen wir uns den Hund!«, schlägt Anna rasch vor und sieht zu Jonathan hinüber. Jonathan nickt ihr zu. »Und wenn ich Geburtstag habe, dann teile ich mein Geschenk mit Jonathan.«

Als Mutti Anna zum Kindergarten bringt, begegnen sie Frau Baier mit ihrem Hund. »Was kostet denn ein solcher Hund?«, fragt Mutti Frau Baier.

»Unser Strolchi hat achthundert Markt gekostet«, antwortet Frau Baier stolz. »Er ist aber auch reinrassig und hat einen richtigen Stammbaum!«

»So ein Hund ist viel zu teuer«, sagt Mutti, als sie weitergehen. Da wird Anna traurig.

Als am Nachmittag alle wieder zu Hause sind, da weiß auch Vater, wie teuer Hunde sind. Er hat sich nämlich erkundigt. »Unter sechshundert Mark können wir keinen Hund kaufen!«

Anna und Jonathan schauen sich traurig an. Auch Vati sieht traurig aus. »Das ist zu viel Geld!«, sagt er.

Da meint Jonathan plötzlich: »Im Tierheim gibt es Hunde! Die Hunde im Tierheim sind bestimmt nicht so teuer.«

Vater springt auf. »Daran habe ich gar nicht gedacht. Natürlich, das Tierheim!«

Vati, Mutti, Anna und Jonathan steigen gleich ins Auto und fahren zum Tierheim. Sie müssen lange fahren, denn es liegt draußen vor der Stadt.

»Wir möchten einen Hund ansehen«, sagt Mutti, als sie endlich dort sind.

Frau Schneider arbeitet im Tierheim. Sie öffnet ihnen die Tür. »Kommen Sie herein!«, sagt sie freundlich.

Anna zieht Frau Schneider am Arm und flüstert: »Wir wollen ihn nicht nur ansehen, wir wollen einen Hund kaufen!«

»Er soll es gut bei uns haben!«, fügt Jonathan hinzu.

Frau Schneider zeigt ihnen die Hunde, die im Tierheim leben müssen. Den Borstel haben Leute dort abgegeben. Er war ihnen nachgelaufen. Halb verhungert war er gewesen. Aber die Leute konnten keinen Hund gebrauchen. »Ein ganz lieber Hund«, sagt Frau Schneider.

»Er ist zu groß für uns«, meint Mutti.

Die Kira wollten ihre Besitzer nicht mehr haben, als sie in Urlaub fuhren. Sie haben Kira ins Tierheim gebracht und nicht mehr abgeholt. Dann ist da noch der Waldi. Sein Herrchen ist gestorben. Waldi hat nun niemanden mehr, der sich um ihn kümmert. Deshalb ist er ins Tierheim gekommen.

Anna will am liebsten alle Hunde mit nach Hause nehmen.

»Wir müssen einen Hund finden, der an Kinder ge-
wöhnt ist. Vielleicht auch einen ganz jungen Hund«,
sagt Vati.

»Kommen Sie mal mit!«, sagt Frau Schneider und geht
mit ihnen zu einem kleinen Zwinger. Da liegt ein winziger Hund im Stroh. Er ist nicht viel größer als Vatis
Hand. »Ein ganz junger Hund«, sagt Frau Schneider.
»Er wurde gestern bei uns abgegeben. Zwei Kinder haben ihn auf der Straße gefunden.«

Frau Schneider hebt ganz vorsichtig den kleinen Hund
hoch und legt ihn Jonathan in den Arm. »Ein kleines
Hundemädchen«, erklärt sie.

»Wie heißt es?«, erkundigt sich Jonathan und streichelt
den kleinen Hund zärtlich.

»Ich weiß es nicht, ihr müsst ihm selbst einen Namen
geben.«

»Pollux!«, ruft Anna sogleich. »Oder Purzel?«

»Es ist doch ein Hundemädchen!«, sagt Jonathan und
spürt plötzlich, dass der kleine Hund an seinem Finger
knabbert. »Seht doch nur!«

Da bettelt Anna so lange, bis Jonathan ihr das Hündchen
ganz behutsam auf den Arm setzt. »Cora, komm!«, flüstert er dann und beugt sich zu dem kleinen Hund auf
Annas Arm hinunter. »Kleine, liebe Cora.«

»Also Cora!«, sagt Vati.

»Wie groß wird er denn, wenn er ausgewachsen ist?«,
erkundigt sich Mutti. Das weiß Frau Schneider auch
nicht. »Schaut doch, wie winzig er ist!«, meint Vati. »Er
kann gar nicht so groß werden.«

Als sie dann nach Hause fahren, sitzt Jonathan auf dem
Rücksitz und hat die kleine Cora auf seinem Arm. Er
streichelt sie immer wieder. Cora hält ganz still.

Zu Hause holt Mutti einen kleinen Korb vom Speicher. Sie legt ein kleines Kissen hinein und eine kleine Decke. Dann gibt sie Jonathan ein Tellerchen und das Futter, das Frau Schneider ihnen mitgegeben hat. Jonathan stellt das Tellerchen ganz nah an Cora, doch Cora frisst nicht. Alle sitzen um das Körbchen herum und warten. Anna bringt noch etwas Milch. Da leckt Cora den Teller leer.

Als Jonathan Geburtstag hat, tollt die kleine Cora bereits in der Wohnung herum. Sie bellt sogar schon einmal ganz zart

Als Mutti Geburtstag hat, ist Cora größer und älter geworden. »Eigentlich habe ich mir auch schon immer einen Hund gewünscht!«, sagt Mutti. »Er ist jetzt gerade richtig. Nicht zu groß und nicht zu klein!«

Als Vati Geburtstag hat, fegt Cora mit ihrem Schwanz eine Tasse vom kleinen Tisch. »Größer darfst du jetzt aber nicht mehr werden!«, meint Vati.

Und als Anna endlich ihren Geburtstag feiert, da ist aus dem winzigen Hund ein großes starkes Tier geworden. »Jetzt habe ich doch den großen Geburtstagshund bekommen!«, sagt Anna und lacht.

Mutti schaut den Hund lange an und meint dann leise: »Wir wollten aber doch einen kleinen Hund ...!«

Dann geht sie in die Küche und gibt dem Hund sein Fressen. »Mein guter Hund!«, sagt sie und streicht über sein dichtes Fell. Die riesengroße Cora wälzt sich auf den Rücken, weil Mutti sie auch noch am Bauch kraulen soll.

»Mein kleiner Geburtstagshund!«, sagt Jonathan und streichelt Cora.

»Mein großer Geburtstagshund!«, sagt Anna. »Du bist genauso groß, wie ich es mir immer gewünscht habe.«.

Inhalt